The Piano In The Shadows: Short Stories for Danish Language Learners

Artici Bilingual Books

Published by Artici Bilingual Books, 2024.

While every precaution has been taken in the preparation of this book, the publisher assumes no responsibility for errors or omissions, or for damages resulting from the use of the information contained herein.

THE PIANO IN THE SHADOWS: SHORT STORIES FOR DANISH LANGUAGE LEARNERS

First edition. March 12, 2024.

Copyright © 2024 Artici Bilingual Books.

ISBN: 979-8224138210

Written by Artici Bilingual Books.

Table of Contents

Solnedgangen i Odense

I den historiske by Odense, hvor eventyr væves ind i hvert gadehjørne og de brostensbelagte gader fortæller århundreders historie, er der en skønhed, der er svær at sætte ord på. Det er en by af kontraster, hvor fortidens charme møder nutidens puls, og hvor solnedgangen kaster sit gyldne lys over alt.

Historien begynder i en lille lejlighed i centrum af byen, hvor en ældre kvinde ved navn Ingrid bor alene. Hun er en stille sjæl, der har levet det meste af sit liv i Odense, og som elsker byens rolige rytme og dens smukke udsigt over åen.

Ingrid har altid haft en kærlighed til solnedgange. Hun kan lide at sidde på sin altan hver aften og se solen synke ned bag horisonten, mens himlen fyldes med farver og lyset langsomt forsvinder. Det minder hende om livets skrøbelighed og skønhed, og det giver hende håb i de mørkeste øjeblikke.

Men denne aften er anderledes. Da Ingrid går ud på sin altan for at se solnedgangen, føler hun en dyb tristhed, der hviler over hende som en tung tåge. Hendes hjerte er tungt af minder, minder om en tid, der engang var, og som nu føles så fjern.

For mange år siden mistede Ingrid sin elskede mand, Erik, i en tragisk ulykke. Siden da har hun levet alene, med kun minderne om deres kærlighed til at holde hende selskab. Men denne aften føles smerten ved tabet af Erik mere overvældende end nogensinde før.

Som solen synker lavere på himlen, mindes Ingrid de lykkelige øjeblikke, hun delte med Erik. Hun mindes deres gåture langs åen, deres romantiske middage i byens hyggelige restauranter, og deres lange samtaler om livet og kærligheden.

Men midt i sin sorg begynder Ingrid også at tænke på alt det, hun aldrig fik sagt til Erik, alle de ord, der blev efterladt usagt, og alle de følelser, der blev gemt væk. Hun begynder at føle en trang til at forlade sin lejlighed, for at gå ud og finde et sted, hvor hun kan give udtryk for sin kærlighed og sin sorg.

Med beslutsomhed beslutter Ingrid sig for at tage en tur gennem byen, for at genopleve de steder, hvor hun og Erik plejede at gå. Hun går langs åen, forbi de gamle broer og de smukke parker, og mindes de minder, der er skabt på disse steder.

Da hun nærmer sig Odense Domkirke, et af byens ældste og mest ikoniske monumenter, føler Ingrid en pludselig trang til at gå ind og tænde et lys for Erik. Hun går langsomt gennem kirken, indtil hun når alteret, hvor hun knæler og beder en stille bøn.

Da Ingrid forlader kirken og går tilbage gennem byens gader, ser hun solen synke ned bag horisonten, og himlen bliver fyldt med et varmt, gyldent lys.

Da hun når sin lejlighed igen, føler Ingrid en følelse af ro, som hun ikke har følt i lang tid.

Og mens solen forsvinder bag horisonten og natten falder på Odense, ligger Ingrid sig i sin seng og lukker øjnene med et smil på sine læber. For selvom hun stadig vil savne Erik, ved hun, at han altid vil være med hende, som solen er med himlen, og som minderne er med hjertet.

The Sunset in Odense

In the historical city of Odense, where fairy tales are woven into every street corner and the cobblestone streets tell centuries-old stories, there is a beauty that is difficult to put into words. It is a city of contrasts, where the charm of the past meets the pulse of the present, and where the sunset casts its golden light over everything.

The story begins in a small apartment in the center of the city, where an elderly woman named Ingrid lives alone. She is a quiet soul who has spent most of her life in Odense, and who loves the city's gentle rhythm and its beautiful view of the river.

Ingrid has always had a love for sunsets. She enjoys sitting on her balcony every evening, watching the sun sink down behind the horizon, while the sky fills with colors and the light slowly fades away. It reminds her of the fragility and beauty of life, and it gives her hope in the darkest of moments.

But this evening is different. As Ingrid steps out onto her balcony to watch the sunset, she feels a deep sadness hanging over her like a heavy fog. Her heart is heavy with memories, memories of a time that once was, and now feels so distant.

Many years ago, Ingrid lost her beloved husband, Erik, in a tragic accident. Since then, she has lived alone, with only the memories of their love to keep her company. But this evening, the pain of losing Erik feels more overwhelming than ever before.

As the sun sinks lower in the sky, Ingrid reminisces about the happy moments she shared with Erik. She remembers their walks along the river, their romantic dinners in the city's cozy restaurants, and their long conversations about life and love.

But amidst her grief, Ingrid also begins to think about all the things she never got to say to Erik, all the words left unsaid, and all the feelings tucked away. She starts to feel a longing to leave her apartment, to go out and find a place where she can express her love and her sorrow.

With determination, Ingrid decides to take a walk through the city, to relive the places where she and Erik used to go. She walks along the river, past the old bridges and the beautiful parks, and reminisces about the memories created in these places.

As she nears Odense Cathedral, one of the city's oldest and most iconic landmarks, Ingrid feels a sudden urge to go inside and light a candle for Erik. She walks slowly through the church, until she reaches the altar, where she kneels down and says a silent prayer.

As Ingrid leaves the church and walks back through the city streets, she sees the sun sinking down behind the horizon, and the sky fills with a warm, golden light.

As she reaches her apartment again, Ingrid feels a sense of calm that she hasn't felt in a long time.

And as the sun disappears behind the horizon and night falls on Odense, Ingrid lies down in her bed and closes her eyes with a smile on her lips. For even though she will still miss Erik, she knows that he will always be with her, like the sun is with the sky, and like memories are with the heart.

En Dag i Livet af en Dansk Bedstemor

I en lille landsby på den danske ø Sjælland boede der en bedstemor ved navn Ingrid. Hun var en ældre kvinde med et venligt ansigt og et varmt smil, og hun elskede intet mere end at tilbringe tid med sin familie og leve livet i sit eget stille tempo.

Ingrid vågnede tidligt hver morgen og begyndte sin dag med en kop varm kaffe og en bid brød med ost. Hun satte sig ved køkkenbordet og kiggede ud af vinduet, mens solen langsomt steg op over horisonten og kastede sit gyldne lys over landskabet.

Efter morgenmaden begav Ingrid sig ud i haven, hvor hun tilbragte timer med at pleje sine blomsterbede og grøntsager. Hun elskede at grave i jorden og føle dens næring under sine fingre, og hun nød at se planterne vokse og trives under hendes omhu.

Når haven var blevet passet, tog Ingrid en tur gennem landsbyen for at handle ind og hilse på sine naboer. Hun stoppede ved den lokale købmandsbutik for at købe frisk brød og grøntsager, og hun snakkede med butiksejeren om vejret og de seneste nyheder.

Efter indkøbene vendte Ingrid hjem og begyndte at forberede frokost til sin familie. Hun skar grøntsager, stegte kød og kogte ris, mens duften af madlavning fyldte hendes køkken. Hendes børn og børnebørn ville snart komme forbi til et måltid og lidt godt selskab.

Da frokosten var færdig, ringede telefonen, og Ingrid smilede, da hun hørte stemmen på den anden ende. Det var hendes datter, Mette, der ringede for at sige, at hun og børnebørnene var på vej.

Ingrid satte sig ved bordet og ventede tålmodigt, mens familien ankom og blev budt velkommen med varme kram og glade smil. De satte sig til bords og begyndte at spise frokost sammen, mens de delte historier og latter over maden.

Efter frokosten gik Ingrid og hendes familie en tur i landsbyen, hvor de nød det smukke vejr og hinandens selskab. De stoppede ved den lokale park for at fodre ænderne og kastede sten i åen, mens børnene legede og lo.

Senere på eftermiddagen vendte de hjem til Ingrids hus, hvor de satte sig i haven og nød en kop te og lidt kage. De snakkede og grinede sammen, mens solen begyndte at gå ned over horisonten, og himlen blev malet i gyldne farver.

Da det blev tid til at sige farvel, gav Ingrid sine børnebørn et kram og et løfte om at se dem snart igen. Hun så efter dem, indtil de forsvandt ned ad vejen, og hun vendte tilbage til sit stille hus med et smil på læben og varmen fra deres besøg i hendes hjerte.

Aftenen tilbragte Ingrid alene i sit hjem, hvor hun nød stilheden og roen efter en dag fyldt med glæde og latter. Hun tændte et par stearinlys, satte sig i sin lænestol og begyndte at læse en god bog, mens hun lyttede til lyden af fugle udenfor og følte sig taknemmelig for sit liv og sin kærlige familie.

A Day in the Life of a Danish Grandma

In a small village on the Danish island of Zealand lived a grandmother named Ingrid. She was an elderly woman with a friendly face and a warm smile, and she loved nothing more than spending time with her family and living life at her own gentle pace.

Ingrid woke up early every morning and began her day with a cup of hot coffee and a bite of bread with cheese. She sat at the kitchen table and looked out the window as the sun slowly rose over the horizon, casting its golden light across the landscape.

After breakfast, Ingrid ventured out into the garden, where she spent hours tending to her flower beds and vegetables. She loved digging in the soil and feeling its nourishment beneath her fingers, and she enjoyed watching the plants grow and thrive under her care.

Once the garden had been tended to, Ingrid took a stroll through the village to do some shopping and to greet her neighbors. She stopped by the local grocery store to buy fresh bread and vegetables, and she chatted with the shopkeeper about the weather and the latest news.

After the shopping was done, Ingrid returned home and began preparing lunch for her family. She chopped vegetables, fried meat, and boiled rice, while the smell of cooking filled her kitchen. Her children and grandchildren would soon be stopping by for a meal and some good company.

When lunch was ready, the phone rang, and Ingrid smiled as she heard the voice on the other end. It was her daughter, Mette, calling to say that she and the grandchildren were on their way.

Ingrid sat at the table and waited patiently as the family arrived and were welcomed with warm hugs and happy smiles. They sat down to eat lunch together, sharing stories and laughter over the food.

After lunch, Ingrid and her family took a walk through the village, enjoying the beautiful weather and each other's company. They stopped by the local park to feed the ducks and skipped stones in the stream while the children played and laughed.

Later in the afternoon, they returned to Ingrid's house, where they sat in the garden and enjoyed a cup of tea and some cake. They talked and laughed together as the sun began to set over the horizon, painting the sky in golden hues.

As it was time to say goodbye, Ingrid gave her grandchildren a hug and a promise to see them again soon. She watched them until they disappeared down the road, then returned to her quiet house with a smile on her face and the warmth of their visit in her heart.

The evening was spent alone in her home, where Ingrid enjoyed the silence and peace after a day filled with joy and laughter. She lit a couple of candles, settled into her armchair, and began to read a good book, listening to the sound of birds outside and feeling grateful for her life and her loving family.

Når Havet Kaldte

I årevis havde Mathias boet ved kysten, hvor han kunne vågne op til lyden af bølgerne og føle brisen fra havet på sin hud. Han elskede sin lille hytte ved stranden og levede et simpelt liv som fisker.

Men en dag, mens Mathias var ude på havet, ramte en voldsom storm kysten. Da han vendte tilbage, fandt han sin hytte ødelagt og sine ejendele spredt ud over stranden. Alt, hvad han havde kendt og elsket, var væk.

Mathias følte sig forladt og alene. Han overvejede at forlade kysten og starte et nyt liv langt væk fra havet. Men selv i sin sorg kunne han ikke ignorere det træk, der trak ham mod vandet.

En aften, mens han gik langs stranden, hørte Mathias en svag sang, der syntes at komme fra bølgerne. Han gik mod havet og så en skikkelse dukke op af vandet. Det var en havfrue, hvis skønhed tog pusten fra ham.

Havfruen fortalte Mathias om havets hemmeligheder og om den styrke, der lå i at acceptere forandringens natur. Hun mindede ham om, at selv når alt synes tabt, ville havet altid være der for ham.

Mathias indså, at hans kærlighed til havet var en del af hans identitet, og at han ikke kunne løbe fra det, der gav ham liv. Han besluttede sig for at genopbygge sin hytte og leve i harmoni med havet, vel vidende at det altid ville være hans hjem og hans trøst.

When the Sea Called

For years, Mathias had lived by the coast, where he could wake up to the sound of the waves and feel the breeze from the sea on his skin. He loved his little cottage by the beach and lived a simple life as a fisherman.

But one day, while Mathias was out at sea, a violent storm hit the coast. When he returned, he found his cottage destroyed and his belongings scattered across the beach. Everything he had known and loved was gone. Mathias felt abandoned and alone. He considered leaving the coast and starting a new life far away from the sea. But even in his grief, he couldn't ignore the pull that drew him towards the water.

One evening, while walking along the beach, Mathias heard a faint song coming from the waves. He walked towards the sea and saw a figure emerge from the water. It was a mermaid, whose beauty took his breath away.

The mermaid told Mathias about the secrets of the sea and the strength that lay in accepting the nature of change. She reminded him that even when all seemed lost, the sea would always be there for him.

Mathias realized that his love for the sea was part of his identity, and that he couldn't run away from what gave him life. He decided to rebuild his cottage and live in harmony with the sea, knowing that it would always be his home and his solace.

Roser og Chokolade

I den maleriske by Svendborg, der lå ved kysten af Fyn, boede der en ung kvinde ved navn Emma. Hun var en drømmer, hvis hjerte længtes efter kærlighed og eventyr, men som havde mistet troen på begge dele efter at have oplevet hjertesorg og tab.

Emma boede i en lille lejlighed med udsigt over byens gamle gader og det blå hav, der strakte sig ud i horisonten. Hun arbejdede på en lokal blomsterbutik, hvor hun tilbragte sine dage med at arrangere buketter og skabe skønhed i verden omkring sig.

En dag, da Emma var på vej hjem fra arbejde, mødte hun en ung mand ved navn Mikkel, der solgte chokolade fra en lille boder ved siden af vejen. Han havde et smil, der kunne lyse hele rummet op, og øjne så dybe og blå som havet selv.

Emma og Mikkel begyndte at snakke, og inden længe fandt de ud af, at de havde meget til fælles. De delte historier og drømme, håb og længsler, og inden længe blev de uadskillelige venner, der brugte al deres tid sammen.

Men som dagene gik, begyndte Emma at indse, at hendes følelser for Mikkel var mere end bare venskab. Hun følte noget, hun ikke havde følt i lang tid, en varme og en glæde, der kun blev stærkere, hver gang hun var i hans nærhed.

Mikkel var også begyndt at se Emma på en ny måde, og en dag besluttede han sig for at fortælle hende, hvordan han virkelig følte det. Han inviterede hende ud på en romantisk middag på en lille restaurant ved havnen og overrakte hende en buket af de smukkeste roser og en æske med den fineste chokolade.

Emma blev overvældet af følelser og kunne knap nok tro sine ører, da Mikkel erklærede sin kærlighed til hende under stjernerne og det blide sus af havets bølger. Hun græd af glæde og omfavnede ham med al den kærlighed, hun havde i sit hjerte.

Fra den dag blev Emma og Mikkel uadskillelige, og de tilbragte hver eneste øjeblik sammen, som om det var det sidste. De gik ture langs stranden hånd i hånd, delte stille øjeblikke under stjernerne og lo og græd sammen, som kun elskende kan.

Men som tiden gik, begyndte Emma at mærke en uro i sit hjerte, en angst for at miste det, hun elskede mest. Hun havde oplevet tab før, og tanken om at miste Mikkel var næsten for meget at bære.

En dag, da Emma var alene i sin lejlighed, fandt hun en gammel dagbog gemt i bunden af en skuffe. Det var hendes mors dagbog, som hun havde efterladt efter sin død mange år tidligere, og som Emma aldrig havde haft modet til at læse.

Men nu, i sit øjebliks angst og sorg, følte Emma et pludseligt behov for at forstå sin mors historie og finde trøst i hendes ord. Hun åbnede dagbogen og begyndte at læse, langsomt og forsigtigt, som om hun var bange for, hvad hun ville finde.

Hun opdagede, at hendes mor havde oplevet mange af de samme følelser og udfordringer som Emma selv. Hun havde elsket og mistet, håbet og drømt, og hun havde kæmpet for at finde sin vej i en verden fyldt med sorg og smerte.

Men selvom hendes mor havde haft sine svære stunder, havde hun også fundet lykke og kærlighed i de små ting i livet, i solnedgangen over havet og duften af roser i haven. Hun havde lært, at selv når livet var svært, var der altid en grund til at smile, en grund til at tro på en bedre fremtid.

Emma læste sin mors ord med tårer i øjnene og en følelse af lettelse i sit hjerte.

Så Emma lukkede sin mors dagbog og omfavnede Mikkel med et smil på læben og en følelse af håb i sit hjerte. For selvom livet var fyldt med udfordringer og sorger, var det også fyldt med kærlighed og skønhed, hvis man bare turde åbne sit hjerte og se.

Roses and Chocolate

In the picturesque town of Svendborg, nestled along the coast of Fyn, lived a young woman named Emma. She was a dreamer, her heart yearning for love and adventure, but having lost faith in both after experiencing heartbreak and loss.

Emma lived in a small apartment overlooking the town's old streets and the blue sea stretching out to the horizon. She worked at a local flower shop, where she spent her days arranging bouquets and creating beauty in the world around her.

One day, as Emma was walking home from work, she met a young man named Mikkel, who was selling chocolate from a small stall by the roadside. He had a smile that could light up the entire room, and eyes as deep and blue as the sea itself.

Emma and Mikkel began to talk, and before long, they discovered they had much in common. They shared stories and dreams, hopes and longings, and soon became inseparable friends, spending all their time together.

But as the days went by, Emma began to realize that her feelings for Mikkel were more than just friendship. She felt something she hadn't felt in a long time, a warmth and joy that only grew stronger every time she was near him.

Mikkel, too, had begun to see Emma in a new light, and one day he decided to tell her how he truly felt. He invited her to a romantic dinner at a small restaurant by the harbor and presented her with a bouquet of the most beautiful roses and a box of the finest chocolate.

Emma was overwhelmed with emotion and could hardly believe her ears as Mikkel declared his love for her under the stars and the gentle sound of the waves. She cried tears of joy and embraced him with all the love she had in her heart.

From that day on, Emma and Mikkel were inseparable, spending every moment together as if it were their last. They walked along the beach hand in hand, shared quiet moments under the stars, and laughed and cried together, as only lovers can.

But as time went on, Emma began to feel a restlessness in her heart, a fear of losing what she loved most. She had experienced loss before, and the thought of losing Mikkel was almost too much to bear.

One day, when Emma was alone in her apartment, she found an old diary hidden at the bottom of a drawer. It was her mother's diary, which she had left behind after her death many years earlier, and which Emma had never had the courage to read.

But now, in her moment of anxiety and grief, Emma felt a sudden need to understand her mother's story and find solace in her words. She opened the diary and began to read, slowly and cautiously, as if afraid of what she would find.

She discovered that her mother had experienced many of the same feelings and challenges as Emma herself. She had loved and lost, hoped and dreamed, and she had struggled to find her way in a world filled with sorrow and pain.

But even though her mother had had her difficult moments, she had also found happiness and love in the small things in life, in the sunset over the sea and the scent of roses in the garden. She had learned that even when life was hard, there was always a reason to smile, a reason to believe in a better future.

Emma read her mother's words with tears in her eyes and a feeling of relief in her heart.

So Emma closed her mother's diary and embraced Mikkel with a smile on her lips and a feeling of hope in her heart. For even though life was filled with challenges and sorrows, it was also filled with love and beauty, if only one dared to open their heart and see.

Et Øjeblik af Stilhed

Der var en tid, hvor Jakob elskede at være omgivet af støj og aktivitet. Han trivedes i det travle byliv, hvor lyden af biler, stemmer og musik fyldte luften. Men efter mange år begyndte han at længes efter noget andet - en følelse af ro og stilhed, som han ikke længere kunne finde midt i det hektiske tempo.

En dag besluttede Jakob sig for at tage på en rejse til den stille landsby, hvor hans bedsteforældre boede. Han længtes efter at genopdage de smukke landskaber og den fredfyldte atmosfære, han havde kendt som barn.

Da Jakob ankom til landsbyen, blev han mødt af en dyb stilhed, der kun blev brudt af lyden af fugle og vinden i træerne. Det var som om tiden var gået i stå her, og Jakob følte sig straks hjemme.

Han tilbragte dagene med at gå ture i naturen, sidde ved åen og lytte til dens rislen, og bare nyde øjeblikkets fred. Han indså, at stilheden ikke var ensbetydende med ensomhed, men tværtimod gav den ham mulighed for at fordybe sig i sine egne tanker og følelser.

Efterhånden som dagene gik, begyndte Jakob at sætte pris på de små øjeblikke af stilhed, som han havde savnet så meget i sit travle liv. Han indså, at det var i disse stille stunder, han virkelig kunne finde roen og forbinde sig med sig selv og sin omgivelser på en dybere måde.

Da tiden kom til at vende tilbage til byen, følte Jakob en blanding af vemod og taknemmelighed. Han vidste, at han altid ville kunne vende tilbage til landsbyen og finde øjeblikke af stilhed, når han havde brug for det mest.

Så selvom Jakob vendte tilbage til byens støj og travlhed, bar han altid med sig minderne om det øjeblik af stilhed, der havde ændret hans syn på livet for altid.

A Moment of Silence

There was a time when Jakob loved being surrounded by noise and activity. He thrived in the busy city life, where the sound of cars, voices, and music filled the air. But after many years, he began to long for something else - a sense of peace and silence that he could no longer find amidst the hectic pace.

One day, Jakob decided to take a trip to the quiet village where his grandparents lived. He yearned to rediscover the beautiful landscapes and the peaceful atmosphere he had known as a child.

When Jakob arrived at the village, he was greeted by a deep silence, only broken by the sound of birds and the wind in the trees. It was as if time had stood still here, and Jakob immediately felt at home.

He spent his days walking in nature, sitting by the stream and listening to its murmur, and simply enjoying the peace of the moment. He realized that silence was not synonymous with loneliness, but on the contrary, it allowed him to immerse himself in his own thoughts and feelings.

As the days went by, Jakob began to appreciate the small moments of silence that he had missed so much in his busy life. He realized that it was in these quiet moments that he could truly find peace and connect with himself and his surroundings on a deeper level.

When the time came to return to the city, Jakob felt a mixture of nostalgia and gratitude. He knew that he could always return to the village and find moments of silence when he needed them most.

So even though Jakob returned to the noise and bustle of the city, he always carried with him the memories of the moment of silence that had changed his outlook on life forever.

Tak for Blomsterne

Det var en kølig efterårsdag, da Emma modtog en buket blomster fra en ukendt afsender. Hun studerede kortet, der fulgte med buketten, men der var ingen navn, kun ordene "Tak for alt". Forvirret og nysgerrig satte Emma blomsterne i en vase og placerede dem på sit køkkenbord.

Dagene gik, men ingen trådte frem for at afsløre afsenderen. Emma begyndte at spekulere på, hvem der kunne have sendt hende blomsterne, og hvad de takkede hende for. Var det en gammel ven, der ønskede at genoplive et glemt venskab? Eller måske en hemmelig beundrer, der endelig havde fået mod til at træde frem?

Uanset afsenderens identitet blev buketten et lyspunkt i Emmas tilværelse. Hun nød synet af blomsterne, der strålede med farver og duftede af forår. De mindede hende om skønheden i de små øjeblikke og gav hende håb i en ellers travl hverdag.

Måneder gik, og blomsterne begyndte langsomt at visne, men mindet om deres skønhed og den ukendte afsenders taknemmelighed forblev levende i Emmas sind. Selvom hun aldrig fik afsløret afsenderen, vidste hun, at nogen derude havde sat pris på hende og det, hun havde gjort.

Tak for blomsterne, tænkte Emma, og tak for det lys, de bragte ind i mit liv.

Thank You for the Flowers

It was a chilly autumn day when Emma received a bouquet of flowers from an unknown sender. She studied the card that came with the bouquet, but there was no name, only the words "Thank you for everything." Confused and curious, Emma placed the flowers in a vase and set them on her kitchen table.

Days passed, but no one came forward to reveal the sender. Emma began to wonder who could have sent her the flowers and what they were thanking her for. Was it an old friend wanting to revive a forgotten friendship? Or perhaps a secret admirer who finally found the courage to step forward?

Regardless of the sender's identity, the bouquet became a bright spot in Emma's life. She enjoyed the sight of the flowers, which radiated with colors and smelled of spring. They reminded her of the beauty in the small moments and gave her hope in an otherwise busy everyday life.

Months went by, and the flowers slowly began to wilt, but the memory of their beauty and the unknown sender's gratitude remained alive in Emma's mind. Even though she never uncovered the sender, she knew that someone out there had appreciated her and what she had done.

Thank you for the flowers, thought Emma, and thank you for the light they brought into my life.

Regnen og solen

Engang for længe siden i en lille landsby, hvor tiden syntes at stå stille, boede der en ung kvinde ved navn Freja. Hun var kendt i landsbyen for sin venlighed og sit gode hjerte, men der var en dyb sorg, der hvilede over hende. Hendes elskede bedstemor, som havde opdraget hende siden hun var lille, var blevet syg, og intet synes at kunne bringe hende lindring.

En dag, mens regnen trommede mod ruderne og landsbyens gader blev indhyllet i en diset tåge, besluttede Freja at gå ud og tage en gåtur i skoven. Hun håbede på at finde svar eller i det mindste lidt trøst i naturens omfavnelse.

Mens hun vandrede gennem træernes tætte løv, stødte hun pludselig på en skikkelse, der stod i en lysning. Det var en ældre kvinde, klædt i en lang kappe, der syntes at skinne som solen, selv i regnvejret.

"Velkommen, Freja," sagde kvinden med en stemme, der var blid som en sommerbris. "Jeg er Solen."

Freja var forbløffet over at møde selve Solen midt i skoven, men hun kunne ikke lade være med at føle sig tryg i hendes nærvær.

"Solen," hviskede hun forsigtigt. "Hvorfor er der så meget smerte og lidelse i verden? Hvorfor kan jeg ikke finde en vej til at hjælpe min bedstemor?"

Solen smilede og strakte en varm hånd ud mod Freja.

"Smerten og lidelsen er som regnen," forklarede hun. "De er nødvendige for at vi kan værdsætte solskinnet. Men ligesom solen altid vender tilbage efter regnen, vil lyset altid finde vej gennem mørket."

Freja nikkede og følte en nyfunden håb spire i hendes bryst.

"Så hvad skal jeg gøre?" spurgte hun.

Solen pegede mod himlen, hvor skyerne begyndte at skille sig, og solens stråler brød igennem.

"Vær solen for dem omkring dig," sagde hun. "Lad dit lys skinne på dem, der har brug for det mest. Og husk altid, at selv i de mørkeste tider er der altid et strejf af solskin at finde."

Freja takkede Solen og vendte tilbage til landsbyen med et nyt syn på verden. Hun vidste, at selv når regnen faldt og skyerne samledes, ville solen altid skinne et sted bagved, klar til at sprede sit lys og sin varme på dem, der havde brug for det mest.

The Rain and the Sun

Once upon a time in a small village where time seemed to stand still, there lived a young woman named Freja. She was known in the village for her kindness and her good heart, but there was a deep sorrow resting upon her. Her beloved grandmother, who had raised her since she was little, had fallen ill, and nothing seemed to bring her relief.

One day, while the rain drummed against the windows and the village streets were shrouded in a misty fog, Freja decided to go out for a walk in the forest. She hoped to find answers or at least some comfort in the embrace of nature.

As she wandered through the dense foliage of the trees, she suddenly came upon a figure standing in a clearing. It was an elderly woman dressed in a long cloak that seemed to shine like the sun, even in the rainy weather.

"Welcome, Freja," said the woman with a voice gentle as a summer breeze. "I am the Sun."

Freja was amazed to meet the Sun herself in the middle of the forest, but she couldn't help but feel comforted in her presence.

"The Sun," she whispered softly. "Why is there so much pain and suffering in the world? Why can't I find a way to help my grandmother?"

The Sun smiled and reached out a warm hand towards Freja.

"Pain and suffering are like the rain," she explained. "They are necessary for us to appreciate the sunshine. But just as the sun always returns after the rain, the light will always find its way through the darkness."

Freja nodded, feeling a newfound hope stirring in her chest.

"So what should I do?" she asked.

The Sun pointed towards the sky, where the clouds began to part, and the sun's rays broke through.

"Be the sun for those around you," she said. "Let your light shine on those who need it most. And always remember, even in the darkest times, there is always a glimmer of sunshine to be found."
Freja thanked the Sun and returned to the village with a new outlook on the world. She knew that even when the rain fell and the clouds gathered, the sun would always shine somewhere behind them, ready to spread its light and warmth on those who needed it most.

Den Gyldne Rose

I en lille landsby dybt inde i de danske skove levede en enlig enke ved navn Astrid. Hendes liv var stille og ensomt, indtil en dag da en mystisk mand ankom til landsbyen med en gylden rose i hånden.

Manden påstod at være en troldmand og tilbød Astrid en handel: i bytte for hendes ensomhed og stilleliv ville han give hende evig ungdom og skønhed. Astrid, som længe havde følt sig fortabt i sine egne tanker, accepterede hans tilbud uden tøven.

Men som tiden gik, opdagede Astrid at hendes ungdom kom med en pris. Hun så sine venner ældes og dø, mens hun forblev uændret. Hendes hjerte blev tungt af sorg, og hun fortrød sin beslutning.

En dag, da hun stirrede ind i spejlet, så hun ikke længere sin egen refleksion, men i stedet et billede af den ensomme enke hun engang var.

Da forstod hun, at den sande skønhed kommer fra hjertet, og at intet kan erstatte ægte kærlighed og samvær.

Astrid forlod sit hus og vandrede ud i verden, klar til at omfavne livets skønhed og forundringer, og i hendes hjerterum blomstrede en ny gylden rose - ikke af magi, men af kærlighed og forsoning.

The Golden Rose

In a small village deep within the Danish forests lived a lonely widow named Astrid. Her life was quiet and solitary until one day a mysterious man arrived in the village holding a golden rose.

The man claimed to be a wizard and offered Astrid a trade: in exchange for her loneliness and quiet life, he would grant her eternal youth and beauty. Astrid, who had long felt lost in her own thoughts, accepted his offer without hesitation.

But as time passed, Astrid discovered that her youth came with a price. She watched her friends age and die while she remained unchanged. Her heart grew heavy with sorrow, and she regretted her decision.

One day, as she stared into the mirror, she no longer saw her own reflection but instead a picture of the lonely widow she once was. Then she understood that true beauty comes from the heart, and that nothing can replace genuine love and companionship.

Astrid left her house and wandered out into the world, ready to embrace the beauty and wonders of life, and in her heart bloomed a new golden rose—not of magic, but of love and reconciliation.

Den Sidste Dans

Regnen trommede mod ruderne, mens Sofie stod ved vinduet og stirrede ud i den dystre nat. Hendes tanker fløj tilbage til den aften for et år siden, da alt ændrede sig. Hun mindedes den sidste dans, hun havde delt med sin mand, Nicolai, før han forsvandt ind i mørket.

Det havde været en stjerneklar aften, da Sofie og Nicolai havde besluttet sig for at tage ud at danse. De havde fejret deres tiårsdag og ønskede at genopleve de glade minder fra deres ungdom. På dansegulvet følte de sig frie og lykkelige, som om intet kunne komme imellem dem.

Men da natten skred frem, bemærkede Sofie, at Nicolai opførte sig mærkeligt. Han blev pludselig tavs og fjern, som om han havde noget på hjerte, men ikke kunne finde ordene. Til sidst havde han trukket sig væk og forsvundet ind i mængden, uden at sige farvel.

Sofie havde søgt efter ham hele natten, men Nicolai var sporløst forsvundet. Politiet havde ledt efter ham i måneder, men ingen spor var dukket op. Sofie var efterladt alene med sin sorg og uvidenhed om, hvad der var sket.

Nu, et år senere, stod Sofie stadig og ventede, håbende på et tegn eller et mirakel. Hun havde ikke kunnet give slip på håbet om, at Nicolai en dag ville vende tilbage til hende. Men hver dag blev det sværere at tro på, at han stadig var derude et sted.

Pludselig lød der en banken på døren, og Sofie sprang forskrækket tilbage fra vinduet. Hun åbnede døren med bankende hjerte og så en skikkelse stå udenfor, våd og gennemblødt af regnen. Det var Nicolai.

Tårerne strømmede ned ad Sofies kinder, da hun omfavnede sin mand, der havde været væk så længe. Nicolai var bleg og udmattet, men hans øjne var fyldt med kærlighed og fortrydelse.

Han fortalte Sofie om de måneder, han havde tilbragt væk fra hende, om hans rejse gennem mørket og hans kamp for at finde tilbage til hende.

Han havde været fanget i en spiral af fortvivlelse og forvirring, men det var hendes kærlighed, der havde ført ham tilbage til lyset.

Sofie græd af lettelse og lykke, mens hun holdt fast i Nicolai, som om hun aldrig ville give slip igen. De havde mistet hinanden, men nu var de endelig genforenet, stærkere og mere forenet end nogensinde før.

Sammen dansede de ind i natten, deres hjerter forenet i den sidste dans, der markerede begyndelsen på et nyt kapitel i deres liv. Regnen skyllede deres sorg og smerte væk, og de vidste, at uanset hvad fremtiden måtte bringe, ville de altid have hinanden.

The Last Dance

The rain drummed against the windows as Sofie stood by the window, staring out into the dark night. Her thoughts flew back to the evening a year ago when everything changed. She remembered the last dance she shared with her husband, Nicolai, before he disappeared into the darkness.

It had been a starry evening when Sofie and Nicolai had decided to go out dancing. They had celebrated their tenth anniversary and wanted to relive the happy memories of their youth. On the dance floor, they felt free and happy, as if nothing could come between them.

But as the night progressed, Sofie noticed that Nicolai was behaving strangely. He suddenly became silent and distant, as if he had something on his mind but couldn't find the words. Eventually, he had withdrawn and disappeared into the crowd without saying goodbye.

Sofie had searched for him all night, but Nicolai had vanished without a trace. The police had searched for him for months, but no clues had emerged. Sofie was left alone with her grief and ignorance of what had happened.

Now, a year later, Sofie still stood waiting, hoping for a sign or a miracle. She couldn't let go of the hope that Nicolai would one day return to her. But every day it became harder to believe that he was still out there somewhere.

Suddenly, there was a knock on the door, and Sofie jumped back from the window in shock. She opened the door with a pounding heart and saw a figure standing outside, wet and soaked from the rain. It was Nicolai.

Tears streamed down Sofie's cheeks as she embraced her husband, who had been gone for so long. Nicolai was pale and exhausted, but his eyes were filled with love and regret.

He told Sofie about the months he had spent away from her, about his journey through the darkness and his struggle to find his way back to her. He had been trapped in a spiral of despair and confusion, but it was her love that had led him back into the light.

Sofie cried with relief and happiness as she held onto Nicolai, as if she would never let go again. They had lost each other, but now they were finally reunited, stronger and more united than ever before.

Together they danced into the night, their hearts united in the last dance that marked the beginning of a new chapter in their lives. The rain washed away their sorrow and pain, and they knew that no matter what the future might bring, they would always have each other.

Den Stille Flod

Langs bredden af den stille flod lå en lille fiskerlandsby, hvor tiden syntes at flyde lige så roligt som vandet selv. Husene var små og maleriske, med røde tag og hvide facader, der spejlede sig i flodens rolige overflade.

En mand ved navn Lars boede i landsbyen, en ensom sjæl, hvis liv var ligeså stille som flodens løb. Han tilbragte sine dage med at fiske på floden, hvor hans båd svævede let som en fjer på vandets overflade.

Hver morgen stod Lars tidligt op og roede ud på floden, mens morgendisen lå som et tæppe over landskabet. Han kastede sit net ud i vandet og ventede tålmodigt, mens solen steg op over horisonten og kastede sit gyldne lys over floden.

Men selvom Lars fiskede hver dag, syntes han aldrig at fange mere end han havde brug for. Hans net var altid fyldt med små fisk, der sprællede og glimtede i morgensolen, men sjældent var der en stor fangst at finde.

En dag, mens Lars sad i sin båd og ventede på at fange dagens første fisk, hørte han pludselig lyden af en violin, der spillede et stille, sørgmodigt stykke musik. Han kiggede op og så en ung kvinde stående på bredden af floden, med violinbuen dansende let over strengene.

Hendes musik fyldte luften og blandet sig med lyden af vandet, der rislede forbi. Lars lyttede, fortryllet af tonernes skønhed og den følelse af længsel, som musikken vækkede i ham.

Da musikken stoppede, roede Lars forsigtigt ind mod bredden. Kvinden så op og mødte hans blik med sine dybe, brune øjne. Et smil bredte sig langsomt over hendes læber, og Lars følte et stik af varme i sit bryst.

De talte ikke meget, men der var en forståelse mellem dem, der ikke krævede ord. Lars inviterede kvinden med ud på floden, og sammen roede de ud på det stille vand, hvor musikken stadig lå og svævede i luften omkring dem.

Mens de roede, begyndte Lars at fiske, kastende sit net ud i vandet med en dygtighed, der kun kommer med års erfaring. Og denne gang var hans fangst anderledes end før. Hans net var fyldt med store, glinsende fisk, der skinnede som sølv i solens stråler.

Kvinden smilede og spillede igen sin violin, og denne gang var musikken fyldt med glæde og håb. Lars lyttede, hans hjerte fyldt af en følelse, han ikke havde kendt i lang tid.

Da dagen gik på hæld, roede de tilbage til bredden, deres både fyldt med fisk og deres hjerter fyldt med en ny forståelse for livets skønhed. Lars vidste, at han aldrig ville glemme denne dag ved floden, hvor han havde fundet mere end han nogensinde havde søgt efter.

The Quiet River

Along the banks of the quiet river lay a small fishing village, where time seemed to flow as calmly as the water itself. The houses were small and picturesque, with red roofs and white facades reflecting in the river's tranquil surface.

A man named Lars lived in the village, a solitary soul whose life was as quiet as the flow of the river. He spent his days fishing on the river, where his boat floated lightly as a feather on the water's surface.

Every morning, Lars rose early and rowed out onto the river, while the morning mist lay like a blanket over the landscape. He cast his net into the water and waited patiently as the sun rose above the horizon, casting its golden light over the river.

But even though Lars fished every day, he never seemed to catch more than he needed. His net was always filled with small fish, wriggling and gleaming in the morning sun, but rarely was there a big catch to be found.

One day, while Lars sat in his boat, waiting to catch the day's first fish, he suddenly heard the sound of a violin playing a quiet, melancholic piece of music. He looked up and saw a young woman standing on the riverbank, with the violin bow dancing lightly over the strings.

Her music filled the air and mingled with the sound of the water flowing past. Lars listened, enchanted by the beauty of the tones and the feeling of longing that the music stirred in him.

When the music stopped, Lars rowed gently towards the shore. The woman looked up and met his gaze with her deep, brown eyes. A smile spread slowly across her lips, and Lars felt a warmth in his chest.

They didn't speak much, but there was an understanding between them that didn't require words. Lars invited the woman onto his boat, and together they rowed out onto the calm water, where the music still lingered in the air around them.

As they rowed, Lars began to fish, casting his net into the water with a skill that only comes with years of experience. And this time, his catch was different than before. His net was filled with large, glistening fish, shining like silver in the sun's rays.

The woman smiled and played her violin again, and this time the music was filled with joy and hope. Lars listened, his heart filled with a feeling he hadn't known in a long time.

As the day drew to a close, they rowed back to shore, their boats filled with fish and their hearts filled with a new understanding of the beauty of life. Lars knew that he would never forget this day by the river, where he had found more than he had ever sought.

Klaveret i Skyggen

I en støvet, gammel saloon i udkanten af en forladt western-by stod et klaver. Dets tangenter var slidte, og dens træ var falmet af tidens tand. Men selv i dens forfald udstrålede det en vis elegance og charme, der havde overlevet selv de hårdeste tider.

Saloonen var tom, bortset fra en enkelt skikkelse, der sad ved klaveret. Det var en mand ved navn Johan, en tidligere cowboy, der havde fundet trøst i musikkens verden efter at have forladt sin vilde fortid bag sig.

Johan sad stille ved klaveret, hans fingre dansede let hen over tangenterne, som om de var levende under hans berøring. Han spillede en melodi, der mindede ham om de brede, åbne vidder, han engang havde redet gennem, og de mennesker, han havde kendt på sin vej.

Mens han spillede, trådte en kvinde ind i saloonen. Hun var smuk og gådefuld, med mørkt hår og øjne så dybe som natten. Hun nærmede sig langsomt og satte sig ved siden af Johan, hendes blik fæstnet mod klaveret.

De sagde ikke meget, men musikken talte for dem. Den fyldte saloonen med sin skønhed og sorg, og Johans hjerte fyldtes af en følelse, han ikke kunne sætte ord på. Han spillede med en lidenskab og intensitet, der kun kom fra de dybeste afgrunde af hans sjæl.

Efterhånden som natten skred frem, spillede Johan og kvinden videre, deres musik smeltende sammen som to elver, der dansede gennem skoven. De blev opslugt af musikken, der førte dem væk fra tid og sted og ind i en verden af ren følelse og lidenskab.

Men som natten nærmede sig sin ende, standsede musikken, og Johans fingre faldt stille fra tangenterne. Han vendte sig mod kvinden og mødte hendes blik. I det øjeblik vidste han, at hun ikke var nogen almindelig kvinde, men en ånd fra fortiden, der var kommet for at minde ham om de valg, han havde truffet, og de mennesker, han havde elsket og mistet.

Kvinden rejste sig og gik mod døren, men før hun forlod saloonen, vendte hun sig mod Johan og smilede. Et smil, der var fyldt med en visdom, der oversteg hans forståelse, og en kærlighed, der havde overlevet tidens test.

Da hun forlod saloonen, blev Johan siddende ved klaveret, hans hjerte fyldt af en følelse af fred og forløsning.

The Piano in the Shadows

In a dusty, old saloon on the outskirts of an abandoned western town stood a piano. Its keys were worn, and its wood was faded by the passage of time. But even in its decay, it radiated a certain elegance and charm that had survived even the harshest of times.

The saloon was empty, except for a single figure sitting at the piano. It was a man named Johan, a former cowboy who had found solace in the world of music after leaving his wild past behind.

Johan sat quietly at the piano, his fingers dancing lightly over the keys as if they were alive under his touch. He played a melody that reminded him of the wide, open plains he had once ridden through and the people he had known along the way.

As he played, a woman entered the saloon. She was beautiful and mysterious, with dark hair and eyes as deep as the night. She approached slowly and sat down beside Johan, her gaze fixed on the piano.

They didn't say much, but the music spoke for them. It filled the saloon with its beauty and sorrow, and Johan's heart was filled with a feeling he couldn't put into words. He played with a passion and intensity that only came from the deepest depths of his soul.

As the night progressed, Johan and the woman continued to play, their music blending together like two rivers dancing through the forest. They were consumed by the music, which led them away from time and place and into a world of pure emotion and passion.

But as the night approached its end, the music stopped, and Johan's fingers fell softly from the keys. He turned to the woman and met her gaze. In that moment, he knew that she was no ordinary woman but a spirit from the past who had come to remind him of the choices he had made and the people he had loved and lost.

The woman rose and walked towards the door, but before she left the saloon, she turned to Johan and smiled. A smile filled with a wisdom that surpassed his understanding and a love that had endured the test of time. As she left the saloon, Johan remained seated at the piano, his heart filled with a sense of peace and redemption.

Paraplyen

Regnen faldt tungt og jævnt over den lille kystby. Vandpytterne formede sig på fortovene, og skyerne hang lavt på himlen, som om de aldrig ville give slip på deres våde byrde. Men midt i dette grå og våde landskab stod en mand ved navn Lars, med en paraply i hånden.

Lars var en stille og eftertænksom mand, hvis liv var præget af ensomhed og længsel. Han boede alene i en lille lejlighed ved havet og tilbragte sine dage med at gå ture langs stranden og lade tankerne flyde med bølgerne.

Denne dag var ingen undtagelse. Lars havde taget sin gamle paraply med sig og begivet sig ud i regnen, som om han søgte efter noget, han ikke kunne finde derhjemme. Han vandrede gennem de våde gader, paraplyen strakt over sit hoved som en beskyttende kuppel mod regndråbernes angreb.

Mens Lars gik, bemærkede han en ung kvinde, der stod ved et gadehjørne, fuldstændig gennemblødt af regnen. Hendes hår var klistret til hendes ansigt, og hendes tøj klæbede sig til hendes krop, som om hun var blevet fanget i en storm.

Uden at tøve gik Lars hen til kvinden og tilbød hende sin paraply. Hun så overrasket på ham, men accepterede hans tilbud med et smil. Sammen gik de to frem gennem regnen, paraplyen skærmede dem mod de våde dråber, og snart var de begge blevet venner af nødvendighed.

De talte ikke meget, men deres tavshed var som en melodi, der blev båret af regnens sagte susen. De delte et øjeblik af fællesskab midt i den grå og ensomme verden, og det føltes som om tiden var stået stille, mens de vandrede gennem gaderne sammen.

Da de nåede til kvindens hjem, takkede hun Lars for hans venlighed og gav ham paraplyen tilbage. Han tog imod den med et smil og fortsatte sin vej gennem regnen, mens hun så efter ham, indtil han forsvandt ud af syne.

The Umbrella

The rain fell heavily and steadily over the small coastal town. Puddles formed on the sidewalks, and the clouds hung low in the sky, as if they would never release their wet burden. But amidst this gray and wet landscape stood a man named Lars, with an umbrella in hand.

Lars was a quiet and contemplative man, whose life was marked by loneliness and longing. He lived alone in a small apartment by the sea and spent his days taking walks along the beach, letting his thoughts flow with the waves.

This day was no exception. Lars had taken his old umbrella with him and ventured out into the rain, as if he were searching for something he could not find at home. He wandered through the wet streets, the umbrella stretched over his head like a protective dome against the assault of raindrops.

As Lars walked, he noticed a young woman standing at a street corner, completely drenched by the rain. Her hair was plastered to her face, and her clothes clung to her body, as if she had been caught in a storm.

Without hesitation, Lars approached the woman and offered her his umbrella. She looked surprised, but accepted his offer with a smile. Together, they walked forward through the rain, the umbrella shielding them from the wet drops, and soon they both became friends out of necessity.

They didn't talk much, but their silence was like a melody carried by the soft rustle of the rain. They shared a moment of companionship amidst the gray and lonely world, and it felt as if time stood still as they walked through the streets together.

When they reached the woman's home, she thanked Lars for his kindness and returned the umbrella to him. He accepted it with a smile and continued on his way through the rain, while she watched him until he disappeared out of sight.

48

Løberens Rejse

Det var en kølig efterårsaften, hvor byen lå stille under den dybblå himmel. Mange var gået hjem for at finde varmen, men en enkelt skikkelse bevægede sig gennem gaderne med en let og sikker skridt. Det var Peter, en ivrig løber, hvis liv var præget af den pulserende rytme af hans fodtrin.

Peter boede i en lille lejlighed i hjertet af byen, men hans virkelige hjem var asfalten under hans fødder og den uendelige horisont foran ham. Han elskede følelsen af frihed, når han løb gennem gaderne, og den følelse af styrke, der fyldte ham, når han pressede sine grænser.

Denne aften var ingen undtagelse. Peter havde taget sine løbesko på og var ude på sin daglige løbetur gennem byen. Han nød synet af de oplyste bygninger og de rolige gader, mens han lod tankerne flyde frit.

Mens han løb, blev Peter pludselig opmærksom på en skikkelse foran sig. Det var en ung kvinde, der også var ude at løbe. Hendes lange, mørke hår dansede omkring hendes ansigt, og hendes øjne skinnede af energi og vilje.

Peter tog det som en udfordring og øgede tempoet for at indhente hende. De løb side om side i stilhed, men deres fodtrin dannede en symfoni af bevægelse og styrke.

Efter et stykke tid standsede kvinden pludselig og kiggede op mod himlen. Peter stoppede ved siden af hende og fulgte hendes blik. Over dem bredte stjernerne sig ud som tusind lysende diamanter på den mørke himmel.

Kvinden vendte sig mod Peter med et smil og sagde: "Det er her, jeg finder min ro. Her, under åben himmel og med vinden i mit hår."

Peter nikkede og indså, at han aldrig havde set stjernerne på den måde før. Han havde altid travlt med at nå sit næste mål, men nu indså han, at det vigtigste var rejsen selv.

The Runner's Journey

It was a cool autumn evening, where the city lay still under the deep blue sky. Many had gone home to find warmth, but a single figure moved through the streets with light and confident steps. It was Peter, an avid runner, whose life was marked by the pulsating rhythm of his footsteps.

Peter lived in a small apartment in the heart of the city, but his real home was the asphalt under his feet and the endless horizon ahead of him. He loved the feeling of freedom when he ran through the streets, and the sense of strength that filled him when he pushed his limits.

This evening was no exception. Peter had put on his running shoes and was out on his daily run through the city. He enjoyed the sight of the illuminated buildings and the quiet streets as he let his thoughts flow freely.

As he ran, Peter suddenly became aware of a figure in front of him. It was a young woman, also out for a run. Her long, dark hair danced around her face, and her eyes shone with energy and determination.

Peter took it as a challenge and increased his pace to catch up with her. They ran side by side in silence, but their footsteps formed a symphony of movement and strength.

After a while, the woman suddenly stopped and looked up at the sky. Peter stopped next to her and followed her gaze. Above them, the stars spread out like a thousand shining diamonds in the dark sky.

The woman turned to Peter with a smile and said, "This is where I find my peace. Here, under the open sky and with the wind in my hair."

Peter nodded and realized that he had never seen the stars in that way before. He had always been busy trying to reach his next goal, but now he realized that the journey itself was what truly mattered.

Det var en varm sommerdag på landet, hvor solen stod højt på himlen, og luften dirrede af varme. I en lille landsby ved navn Bækkebjerg boede en ældre kvinde ved navn Agnes. Hun var en stille og eftertænksom sjæl, hvis sind var fyldt med minder fra fortiden.

Agnes boede alene i sit gamle hus, omgivet af blomstrende haver og duftende frugtplantager. Hendes dage blev brugt på at pleje sine planter og mindes de mange år, der var gået.

En dag, mens Agnes sad i sin have og nød solens varme stråler, hørte hun en lyd fra det fjerne. Det lød som en melodi, der blev båret af vinden, og den vækkede minder fra hendes ungdom.

Som om hun blev ført af en usynlig kraft, begav Agnes sig ud på en rejse gennem sin fortid. Hun mindedes de sommeraftener, hvor hun dansede under stjernerne med sin elskede, og de lange vandringer gennem markerne, hvor hun drømte om det ukendte.

I det fjerne kunne hun se en ung pige, der dansede i solen, hendes latter fyldte luften som en fuglesang. Agnes nærmede sig langsomt, som om hun ikke ønskede at forstyrre pigens leg.

Pigen så op og mødte Agnes' blik med et smil, der var fyldt med en visdom, der oversteg hendes unge alder. De talte ikke meget, men deres ord var som et billede, der blev malet i luften, fyldt med farver og følelser.

Som dagen skred frem, dansede Agnes og pigen sammen, deres bevægelser synkroniseret som en gammel klokke, der slog sine toner i harmoni. De var forbundet på en måde, der oversteg tid og sted, som om de havde kendt hinanden i et andet liv.

Da solen begyndte at dale mod horisonten, standsede musikken, og Agnes så sig omkring. Hun var tilbage i sin have, solen stadig høj på himlen, men alt føltes anderledes nu. Som om en byrde var blevet løftet fra hendes skuldre, og hun kunne se verden med nye øjne.

Pigen var væk, men hendes tilstedeværelse hang stadig i luften, som en sky af lykke og fred. Agnes vidste, at selvom hun aldrig ville se pigen igen, ville hun altid bære hendes smil med sig som et minde om den dag, hvor hun dansede med tiden og fandt sig selv i spejlet af fortiden.

The Mirror of Time

It was a warm summer day in the countryside, where the sun stood high in the sky, and the air shimmered with heat. In a small village called Bækkebjerg lived an elderly woman named Agnes. She was a quiet and contemplative soul, whose mind was filled with memories from the past. Agnes lived alone in her old house, surrounded by blooming gardens and fragrant orchards. Her days were spent tending to her plants and reminiscing about the many years that had passed.

One day, as Agnes sat in her garden enjoying the warm rays of the sun, she heard a sound in the distance. It sounded like a melody carried by the wind, and it stirred memories from her youth.

As if guided by an invisible force, Agnes embarked on a journey through her past. She remembered the summer evenings when she danced under the stars with her beloved, and the long walks through the fields where she dreamed of the unknown.

In the distance, she could see a young girl dancing in the sun, her laughter filling the air like birdsong. Agnes approached slowly, as if she didn't want to disturb the girl's play.

The girl looked up and met Agnes' gaze with a smile filled with wisdom that surpassed her young age. They didn't speak much, but their words were like a picture painted in the air, filled with colors and emotions.

As the day progressed, Agnes and the girl danced together, their movements synchronized like an old clock striking its tones in harmony. They were connected in a way that transcended time and place, as if they had known each other in another life.

As the sun began to sink towards the horizon, the music stopped, and Agnes looked around. She was back in her garden, the sun still high in the sky, but everything felt different now. As if a burden had been lifted from her shoulders, and she could see the world with new eyes.

The girl was gone, but her presence still hung in the air, like a cloud of happiness and peace. Agnes knew that even though she would never see the girl again, she would always carry her smile with her as a memory of the day when she danced with time and found herself in the mirror of the past.

Dagen vi forelskede os

Det var en smuk forårsdag, hvor solen kastede sit varme lys over landskabet, og blomsterne blomstrede i al deres pragt. Jeg husker det tydeligt, som var det i går, selvom årene siden er gået. Det var dagen, hvor alt ændrede sig, hvor vores veje krydsedes, og vi fandt hinanden i et øjebliks magi.

Jeg var på vej til det lokale bibliotek, bog i hånden og tankerne et helt andet sted. Mine skridt var lette, og mit hjerte var åbent for alt, hvad dagen kunne bringe. Jeg havde aldrig forestillet mig, at jeg ville møde dig der, men det var netop, hvad der skete.

Da jeg trådte ind i biblioteket, lagde jeg straks mærke til dig. Du sad ved et vindue, med solens stråler, der legede i dit hår, og bogen lå åben på dit skød. Dit ansigt var opslugt af historien, men dine øjne mødte mine, da jeg trådte ind i rummet.

Vi udvekslede et smil, og jeg kunne mærke mit hjerte slå hurtigere i mit bryst. Der var noget ved dig, der fik mig til at føle mig hjemme, som om jeg havde kendt dig i årevis, selvom vi kun lige havde mødt hinanden.

Jeg nærmede mig forsigtigt, og vi begyndte at tale om bogen, om livet og om alt imellem. Tiden fløj afsted, mens vi sad der, fordybet i hinandens selskab, og jeg vidste, at jeg var ved at falde for dig.

Da vi forlod biblioteket sammen, var det som om verden havde fået nye farver. Blomsterne duftede skønnere, solen skinnede varmere, og jeg følte mig mere levende end nogensinde før. Jeg vidste, at denne dag ville ændre mit liv for altid.

Selvom årene er gået, og vores liv har taget forskellige retninger, vil jeg altid bære mindet om den dag, vi forelskede os, i mit hjerte. Det var den dag, hvor alt føltes muligt, og jeg indså, at kærligheden virkelig kan ændre alt.

The Day We Fell in Love

It was a beautiful spring day, where the sun cast its warm light over the landscape, and the flowers bloomed in all their glory. I remember it vividly, as if it were yesterday, even though years have passed since then. It was the day everything changed, where our paths crossed, and we found each other in a moment of magic.

I was on my way to the local library, book in hand and my thoughts elsewhere. My steps were light, and my heart was open to whatever the day might bring. I had never imagined I would meet you there, but that's exactly what happened.

As I stepped into the library, I immediately noticed you. You were sitting by a window, with the sun's rays playing in your hair, and the book open on your lap. Your face was engrossed in the story, but your eyes met mine as I entered the room.

We exchanged a smile, and I could feel my heart beating faster in my chest. There was something about you that made me feel at home, as if I had known you for years, even though we had only just met.

I approached cautiously, and we began to talk about the book, about life, and everything in between. Time flew by as we sat there, immersed in each other's company, and I knew I was falling for you.

When we left the library together, it was as if the world had gained new colors. The flowers smelled sweeter, the sun shone brighter, and I felt more alive than ever before. I knew that this day would change my life forever.

Even though years have passed, and our lives have taken different paths, I will always carry the memory of the day we fell in love in my heart. It was the day when everything felt possible, and I realized that love truly can change everything.